바위와 담쟁이

나무시인선 031

바위와 담쟁이

1쇄 발행일 | 2025년 07월 07일

지은이 | 김진명
펴낸이 | 윤영수
펴낸곳 | 문학나무
편집 기획 | 03085 서울 종로구 동숭4나길 28-1 예일하우스 301호
이메일 | mhnmoo@hanmail.net

출판등록 | 제312-2011-000064호 1991. 1. 5.
영업 마케팅부 | 전화 | 02-302-1250, 팩스 | 02-302-1251
ⓒ 김진명, 2025

값 13,000원
잘못된 책은 바꾸어 드립니다
지은이와 협의로 인지는 생략합니다
본 책은 저작자의 지적 재산으로서 무단 전재와 복제를 금합니다.

ISBN 979-11-5629-188-6 03810

바위와 담쟁이

김진명 시집

문학나무

시인의 말

비바람과 눈보라를 견디며

  바위는 언제나 침묵으로 서 있습니다. 오랜 세월 비바람과 눈보라를 견디며 스스로 견고함을 증명해 온 존재입니다. 담쟁이는 그런 바위를 껴안고 올라갑니다. 때로는 연약한 줄기를 거세게 흔드는 바람에도 불구하고 끊어질 듯 끊어지지 않는 끈질긴 생명력으로 바위에 자신의 이야기를 새깁니다. 이 시집에 담긴 시들은 바위의 침묵과 담쟁이의 인내를 닮았습니다. 그 속에 깃든 삶의 흔적은 때론 아프게, 때론 아름답게 우리의 가슴에 조용히 스며듭니다.

  삶이란 결국 바위와 담쟁이의 공존과 같습니다. 우리가 살아가는 동안 만나는 현실과 그 위에 한 줄기 희망으로 엉켜 올라가는 꿈과 사랑. 이 모든 것이 뒤섞이며 우리의 인생을 만들어갑니다. 저는 시를 통해 그러한 삶의 미세한 떨림과 깊은 울림을 포착하고자 했습니다. 어린 시절의 아련한 기억으로부터 부모님을 향한 그리움, 자연 속에서 깨달은 작은 진리까지 시 속에 담아내고자 했습니다.

  이 시집을 읽으며 여러분이 잠시라도 삶의 무게를 내려놓고, 바위처럼 묵묵한 삶의 순간들과 담쟁이처럼 생생한 생명의 힘을 느끼실 수 있다면 더할 나위 없는 기쁨이겠습니다. 이 작은 시편들이 여러분에게 소중한 울림이 되길 소망하며, 조용히 마음의 문을 열어봅니다.

2025년 여름 창작실에서
김진명

차례

시인의 말
004 비바람과 눈보라를 견디며

제1부
아버지의 등

012 분꽃의 추억
013 기억의 서랍
014 달항아리
015 고드름
016 아버지의 등
017 유리창 밖
018 산벚꽃
019 골짜기의 메아리
021 여명의 소리
022 인연꽃
024 마음의 징검다리
025 곁
027 이방인
028 저녁 헛간
030 괜찮아
031 감기
032 생의 경전

자작시 해설 | 시의 굽잇길 『바위와 담쟁이』를 말하다 _ 김진명

113   상처의 웅덩이에서 길어 올린 존재의 속삭임

제2부
나이테의 정원

036   꽃잔디
037   첫눈의 약속
038   책
039   쇠사슬의 꿈
040   나이테의 정원
042   개구리밥꽃
045   설악의 겨울 기도
047   산들비
048   뻐꾸기
050   어머니는 오케스트라 지휘자
052   발 달린 마음
053   용문사 은행나무
055   바람의 고요
057   물때를 아시나요
058   말 무덤
060   천의무봉天衣無縫을 꿈꾸는 시인 — 박제천 시인을 그리다
061   다리의 독백
063   서로 기대는 꽃잔디

제3부
바위와 담쟁이

- 066 자목련
- 067 바위와 담쟁이
- 068 진달래, 영혼을 부르다
- 069 푸른 깃발
- 070 홍매
- 071 홀로 선 나무
- 073 장미 선생님
- 075 역마살
- 077 언제쯤
- 078 어머니의 풍로
- 079 평형수
- 081 팽이가 돈다
- 082 치유의 숲
- 084 촉
- 085 호두
- 086 훈습熏習
- 087 마음의 뼈

제4부
바람의 뼈

- 090 민들레
- 092 갈대
- 093 주문진항
- 095 생명의 뒷모습
- 097 바람의 뼈
- 098 마추픽추
- 099 채송화
- 101 매화
- 103 백일홍
- 104 나룻배
- 105 첫눈 내리는 날
- 106 빛의 약속
- 107 겨울 둥지
- 108 개망초
- 109 한 끼 밥상
- 110 석류
- 111 물고기 울음항, 주문진

제1부
아버지의 등

침묵의 경전, 부재로 현존하는 기억의 무게

분꽃의 추억

태양이 익어 넘어진
작별을 준비한 오후
그녀가 피어났다

밤에 피었다
아침에 잠이 들고
석 달 열흘 밤을 지새우고

샛별 하나
떠난 자리엔
까만 분꽃씨 남아있다.

기억의 서랍

다락방 먼지 쌓인 서랍을 연다
골목길 고무줄놀이 출렁이고
어머니 다듬이 소리 들린다

서랍 속 빛깔이 곱다
뱀이 잠들어 있다
아, 뱀도 꿈을 꾼다
숨결마다 비늘이 일어서고
추억의 이끼가 자란다

어떤 서랍에는
상처로 봉인된 상처가 있다
검은 안개 속 붉은 상처는
나의 어린 환상
그냥 놓아두자.

달항아리

불 속에서 달이 익는다
한 번의 바람, 한 번의 웃음
시간의 울음 흐른다

불길이 일천 번
둥근 숨결 쌓아
흰 마음 마감한다

결 고운 여인의 그 모습
창가에 앉은 달빛 침묵
여자의 젖무덤이다.

고드름

처마 끝 고드름
투명한 꼬챙이
소녀의 외로운 겨울
눈에 와서 박힌다

한 방울씩 녹는 고드름
아지랑이 울렁이는 대지를 적시고
봄을 끌어안는다
소녀의 성장통
뾰족 구두 신고 똑똑똑
사랑 건너는 봄날은 오고.

아버지의 등

누구에게도 기대지 않는 아버지
등뼈로 중심을 잡고 있다는 것을 나는 몰랐다
아버지 등에 새겨진 통증의 흔적을

자전거 바퀴가 그림자처럼 아버지를 따라가며
달달달 경전을 외우고 다니는데도 나는 몰랐다
아버지 등에 새겨진 고독한 경전을

자전거를 타고 일터로 향하는 아버지의 등
조금씩 굽어가는 열두 마디에 새겨진 경전
한 줌 재가 되어 돌아온 뒤에야 나는 알았다.

유리창 밖

무슨 일이 생긴 걸까
질문이 꼬리를 물고
겨울밤 유리창
생각을 벼리는 서리꽃 피운다

창문을 연다
아무 일 없다
깊고 푸른 밤 하늘
별들만 빛난다.

산벚꽃

산허리 옹기종기 산벚꽃나무
겨울을 건너와
꽃눈을 뜬다

온산 불 지피는 함성의 꽃
숨결 닿는 곳마다
순백의 폭죽 터진다

봄날, 새 노래 서럽다
푸른 바람결에
지는 꽃잎들

참아온 사랑
가슴속 헐벗은 설움
너에게 간다.

골짜기의 메아리

친구를 불러 본다
가슴속 메아리 돌아오지 않고
추억의 바람만 귀를 때린다

친구여, 다시 부른다
마음 골짜기는
메아리로 돌아와 울린다

나의 몸 메아리
너의 몸 메아리
기다리는 동안
우리 몸이 되었다

고요한 너와 나
건너고 건너온 메아리
시간 이쪽 시간 저쪽
나는 너를 부르고

너는 나를 부른다.

여명의 소리

먼 행성에서 들려오는가
희미한 빛의 소리

달빛 따라온 여명
안부를 묻는 새의 울음 빛

숨결이 깜빡하는 새벽녘
새날이 숨을 고른다.

인연꽃

당신은 스쳐 갔을 뿐인데
투명한 햇살 눈 부시고
나의 텅 빈 가슴에
사슴뿔 꽃망울이 돋아났네

어둠이 다시 내린 초원
늑대가 양을 쫓고
개들이 늑대를 쫓는다

어린 어둠이 늙은 어둠을 부른다
그 칠흑 속에서
누군가는 떠나고
누군가는 마음을 내려놓는다

어젯밤도 이슬이 맺히고
하늘은 별빛 내려놓았다
바람과 시가 머문 자리

인연꽃의 하룻밤.

마음의 징검다리

나에게 불어오는 강바람
한 잔 커피향 같은 위안
술에 마음이 녹는 사람
강 저편에서 내게 걸어 온다

한 발 한 발 내딛는 마음
조심스럽고 간절하다
술의 마법에 흔들려도
물살을 지켜내는
마음의 징검다리

고개 들어 하늘을 본다
비 갠 뒤 맑은 창공
온통 푸르다
강과 바람, 그 사람 냄새
징검다리 건너온다.

곁

누구에게
곁을 내어준 적 있었나
곁이 되어준 적 있었나

그림자도 떠난 밤
홀로 신음할 때
나의 옷깃이 되어주고
비를 맞을 때
우산 받쳐준 사람

아득한 밤길 걷는
발자국 옆
소리 없이 다가와
한 걸음, 또 한 걸음
곁을 나누어 준 사람

풍경에 묶인

내 마음의 사람꽃
바로 당신.

이방인

나는 너에게
너는 나에게
뿌리 내리고 산다

어느 별에서 왔는지
어느 별로 가는지
묻지 않는다

살결 맞대어
살꽃을 피우며
반백 년

오늘,
갑자기 네가 낯설다.

저녁 헛간

해가 기울고
산그림자 들판을 덮었다
쇠꼴 한 짐을 지고
왕눈이를 불렀다

왕눈아 왕눈아
목 끝에 걸린 이름
풀잎에서 부서지고
어둠만 되돌아왔다

하루를 우직하게 되새김질하던 눈동자
너는 어디에도 없었다

홀로 집에 왔을 때
헛간 문이 열려 있었다
짚단 위로 번진 젖 비린 숨결
왕눈이는 새끼를 품고 있었다

〈

나는 가마솥에 미역과 여물을 섞고

불을 지폈다.

괜찮아

리오데자네이로 언덕 위
예수상像이 두 팔 벌려
비 내리는 도시를 안는다

기차는 느리게 산을 오르고
구름은 속삭인다
멈추어라, 사라짐은 축복이다

한 방울 두 방울
오래된 슬픔을 씻으며
예수상의 눈동자에
햇살 한 줄기 스며든다

괜찮아.

감기

감기와 몸을 섞는다
시를 쓰는 것처럼
목젖이 울고 폐가 불을 토한다
밤새도록 너는 누구냐 묻지만
답이 없다

구들장 위 붉은 심장
누군가 밟고 지나간다
눈꽃처럼 몸살이 쌓이고
목련은 봄을 맞는데
나는 열꽃에 진다

콧물을 흘리고
재채기를 하면서도
나는 시를 쓴다
기침보다 작고
사람보다 뜨거운.

생의 경전

누구나 등은 외롭다
아버지의 등도.

나는 몰랐다
등에 새겨진 외로운 글씨

자전거가 아버지 그림자를 태우고 다녔다
덜컹덜컹 경전을 외던 아버지

나는 몰랐다
등에 새겨진 침묵의 문장

묵언의 산등성이, 일터로 향하는 굽은 등
세월이 휘어놓은 등뼈에 새겨진 생의 경전

화장한 아버지의 한 줌 재에서
나는 읽었다.

제2부
나이테의 정원

시간의 육화, 상처 입은 생명의 순환

꽃잔디

사람이 무심코 밟고 가도
잔디는 어금니를 꽉 문다

길섶에 살아가는 잡초는
밟혀도 다시 일어난다

밑바닥을 기면서도
어깨동무하며 피는 꽃잔디

웃으며 돌담을 넘는다.

첫눈의 약속

죽은 기억 살리는 첫눈
종로다방에서 만나기로 한 약속
아직도 살아 있다

눈에 선한 그녀의 눈웃음
마음 먼저 달려가
옷깃을 여미고 다방을 둘러본다

첫눈은 오는데
그녀는 보이지 않고
꿈길 눈 발자국만 보인다.

책

책장을 넘길 때마다
바람이 나무를 흔드는 소리 요란하다
표지는 얼굴마담 종이는 숨결
책 얼굴 맑힌다

서가에 잠든 책
햇빛 속 먼지 날려 멀리 내다본다
그날 읽은 문장과 행간
대지에 나무 뿌리 내린다

한 권의 책은 말한다
순례를 떠나라 책의 나라로
지상의 나무 정원이야기
별빛 지혜 낳는다.

쇠사슬의 꿈

나를 칭칭 감아
빠져나갈 수 없는 굴레를 씌운다
바람이 스칠 때마다
쇠와 쇠가 부딪히는 소리
밤마다 비명이 허공에 흩어진다

쇠사슬에 묶인 사람도 나고
쇠사슬에 묶은 사람도 나다
무지하고 단단한 속박
멈추지 않는 통증의 맥박
자유를 버릴 용기가 필요하다

용광로에 뛰어든다
상실과 희망의 불꽃이 튄다
망치가 아니라
어느 글쟁이 펜이 되어
시를 쓰고 싶다.

나이테의 정원

저 먼 별에서 지구까지 암흑을 뚫고 이억 광년 달려온 씨앗 하나 대지의 사타구니를 뚫고 중심을 잡았다 사계를 건너고 처음 받아 든 동그라미 훈장 하나 한 줄 보태기가 얼마나 힘겹고 고통스러웠을까 행간과 행간 사이를 건너뛴 고단한 시간의 흔적, 태풍에도 쓰러지지 않고 엄동설한을 견뎌야 했다 그리움의 시간을 조각처럼 나무에 새긴 나이테, 대지의 물을 긷고 무성한 잎새와 지샌 수많은 밤 은하수 흐르는 하늘을 보며 고향으로 가고 싶은 유혹, 대지의 사타구니 속으로 다시 돌아가고 싶은 원초적 욕망이 솟구친다 빛과 어둠이 엮어낸 묵묵한 원의 궤적도 갑자기 흔들리고 나이테에는 서로 다른 얼굴이 서로 다른 살을 섞고 숨결을 섞는다 어림잡아 십수 년이 새카맣게 타버렸고 징글징글 속이 문드러진 흔적을 본다 그대여, 나이테의 정원에 서 있는 나무를 보라 원으로 감긴 세월을 보라 흰 눈처럼 부드럽게 쌓여있는 한 겹의 세월, 폭풍 속에 부러진 슬픔과 눈물로 얼룩진 한 겹의 세월,

시간의 악보 위에 눈물과 웃음의 노래가 공존하는 나이테, 삶의 한순간 예술로 남아있는 나이테의 항해도를 보라 한 여인의 미소가 회색 하늘 아래 비친 장밋빛 저녁이 오늘 나의 나이테에 감긴다.

개구리밥꽃

점 하나 찍었다
사라질 듯 물 위에 뜬 눈곱만 한 생명
세상에서 가장 작은 꽃
정처 없이 떠도는 부평초라 놀림 받는

너는 안다, 개구리밥이라는 것을
나는 안다, 꽃이라는 것을
푸른 꽃잎에 우주의 소용돌이가 피어오르고, 은하수가 고인다
바람 한 올에도 뒤채이며 온몸으로 햇살을 받아 안고
빗방울 하나에도 투명하게 부서져
기어이 수면을 메우는 너는
작은 몸짓으로 거대한 숨을 쉰다

어미의 양수처럼 따스한 물 위에서
떠다니는 슬픔을 노래하지 않는다

발목 잡는 모든 것으로부터의 자유를
세상을 제 품으로 끌어안는 드넓음을
작디작은 이파리 위에 새긴다

놀리는 자들의 발 밑에서
말없이 하늘을 담는다
먹구름마저 끌어안아 정화하고
구름의 이동, 새의 날갯짓, 별들의 속삭임까지
푸른 심장 속에 고스란히 담는다

누가 너를 부평초라 얕보는가
물의 혈관을 타고 흐르는 생명의 정수
가장 낮은 곳에서 세상을 떠받드는
보이지 않는 거인
너의 푸른 점들이 모여 강을 이루고 바다를 이룬다

개구리밥꽃, 나는 안다 네가 우주의 배꼽이라는 것

을
　모든 시작과 끝이 맞닿은 찰나의 빛
　푸른 침묵으로
　작은 점의 한 꽃으로
　큰 세상을 피워 올린다.

설악의 겨울 기도

설악이 뼈를 꺾었다
바위와 늑골 사이
폭설이 터지고
천지와 여자의 사이에서
숨이 눌린 설악

하얀 짐승이고 목이 잘린
설산의 언어가
눈발 속에서
눈을 씻는다
너무 많은 것들이 무너지고 있다

산은 높아져
눈으로 눈으로
자기 성을 쌓는다
죽은 계절을 덮고
잊힌 발자국을 삼키고

〈
설악은 입 없는 입으로 울었다
핏빛을 감춘
희고 찢긴 천의 울음이다
그 위를 걷는 발목이
푹푹 잠겼다

눈 속에서
눈길을 잃고
비로소 눈은 하얗게 살아났다.

산들비

잎새들이 비를 맞으며 쫑긋쫑긋
산들비가 내린다
산은 빗소리를 노래하고
들은 빗소리에 춤을 추고
할머니는 서둘러 고추 모종을 한다

꽃잎들은 빗방울에 한 뼘씩 자란다
비는 산을 적시고
별들이 은하수를 건너가듯
산은 들로 내려가고
들은 산 능선을 오른다

산들비 그치고 난 뒤
입이 궁금한 할머니는 윗마을로 마실 간다
사뿐사뿐 할머니 발자국 뒤로
웅덩이의 물비늘이 반짝인다.

뻐꾸기

4월이 오면
어김없이 뒷산에서 어머니의 울음소리 들려온다
보릿고개 전부터 가난하고 궁핍했던 날들
부엌 문턱 넘기 전 뻐꾸기가 먼저 울음을 토했다
아궁이 앞에서 푸른 솔가지로
새벽밥을 짓다가 부지깽이로 바닥을 쳐보아도
참을 수 없는 송진 연기에 눈물을 쏟았다
포대기로 업은 아이는 악을 쓰고 울었고
새는 아랑곳하지 않고 느긋하게 울음을 구워 삼켰다

칠십 리 오일장 산 넘고 물 건너
가도 가도 보이지 않는 청주 장터
끄트머리에 좌판을 깔고 싸늘한 조밥을 꺼내 먹을 때
꾸역꾸역 목메도 새는 울었다
짚신을 팔고 고개 넘어오는 밤길

여우가 따라오며 구성지게 울었다
달밤 밥물 길러 양동이 지게를 매고 우물가에 가면
찰랑찰랑 올라오는 두레박의 물비늘
달빛 머금고 양동이에 쏟아졌다

덜컹거리는 시골 버스가
신작로에 먼지를 뽀얗게 날리는 날이면
버스에 몸을 싣고 잠이 들었던
그때가 좋았다며 흰 이 드러내며 웃으시던 어머니
4월이면 먼 길 떠나신 어머니의 울음소리 들리고
나는 뻐꾸기 울음소리를 흉내 내고 있다.

어머니는 오케스트라 지휘자

실핏줄이 사지로 흩어진다
차가운 새벽 공기를 마시며
심장은 군불을 지핀다
밤새 굳었던 손 마디를 깨운다

마당의 미루나무는 기지개를 켜고
온 가족이 단잠에 젖어 있을 때
어머니는 부엌으로 나아가
아궁이에 군불을 지피셨다

작은 불꽃들이 춤을 추며
어두운 새벽의 그림자를 쫓았다
열리는 여명 속에서
어머니는 부지깽이로 꿈을 지휘하셨다

겨울 새벽바람 불어올 때면
부지깽이로 불을 어루만지던

어머니의 손길이 바람을 타고
내 마음에 불을 놓는다.

발 달린 마음

마음이 바람보다 먼저 가고
말 없는 발이 너를 따라가지
길 위에 선명한 발자국

비 오는 날 발목까지 젖어도
정신없이 발이 향하는 곳
너의 물웅덩이에 푹 빠지지

천천히 때론 무겁게
너에게 흠뻑 젖었는데도
너의 창가에 서서 비를 맞지

창가에 어른대는 불빛 아래
세레나데를 멈출 수 없어
발뒤꿈치는 까치발 뜨고 있네.

용문사 은행나무

나는 오늘
천 년 된 몸 아래 엎드린다
노란 혀들이 뚝 뚝
하늘의 말을 하며
떨어진다

은행나무 아래 서서
노란 비를 맞는다
사라지는 것들이
가장 아름답다는 것을
가르쳐준 나무
피멍 같은 침묵으로
천 년을 지나온 너

너는
천 번의 이별을
묵묵히 바라보았다

나는 낙엽들 사이에서
기억의 혀를 하나 발견했다

오늘
혀가 부르는 소리를 듣는다
오래 잊은 나의 이름.

바람의 고요

바람이 쓸고 간 뒤
골목은 침묵이 흐르고
나뭇잎 저마다
대지에 눕는다

누군가의 마음
풍경에 스며들고
바람이 남긴 흔적 위로
길고양이 한 마리
소리 없이 그림자를 옮기고
담장 넘어
늦가을 저녁이 내린다

불빛 하나둘 켜지면
세상의 모든 말
길에서 잠이 든다
여명의 새벽

침묵을 깨운다
고요가 들린다.

물때를 아시나요

조금과 사리는
바다와 육지 사랑이다

바다의 피가 시들하면 조금 사랑
바다의 혈기가 높으면 사리 사랑
육지는 아내 바다는 연인

바다 사랑이 지난 자리
질펀한 뻘밭은
물비늘 아래 생명이 꿈틀거린다

물때를 아시나요
자연한 바다와 육지 사랑
영원한 시간 드나들며
그냥 낮아지고 차오른다.

말 무덤

나는 오늘
세 치 혀끝으로 지은 죄를
묻어둘 작은 무덤 하나 만든다

혀끝에서 춤추던 허영과 가식
거짓과 교만의 말들이
흙 속에서 썩어
새로운 침묵으로 태어나길

말이 말 위에 쌓이고
언어가 언어를 삼킬 때마다
텅 빈 마음을 향해
나는 묵언의 깃발을 드네

부디
내 말을 찾지 마라
흙 속에서

아주 썩기를 바라라

나는 오늘
새 입의 말을 부르네.

천의무봉天衣無縫을 꿈꾸는 시인
— 박제천 시인을 그리다

　풍랑이 일렁이는 망망대해에 시인은 아랑곳하지 않고 돛단배의 노를 저어 음악을 연주했다. 깨달음의 시적 집중은 무심의 경지에 도달한 시의 장인이 펼치는 상상력의 작용과 반작용, 이에 모든 자연은 하나가 된다. 매 순간 시인은 거친 물살에도 퍼덕이는 시어를 건져 올려 장엄한 생명의 화음을 휘저으며 환상적인 음악을 연주했다. 장자가 그랬듯이 시인은 광풍노도와 같은 상상력과 만물일여萬物一如의 경지에 올라 자연이 만들어내는 환상적인 교향악의 일부가 되었다. 시인은 방황하는 영혼을 일깨우고 절대주의자의 천의무봉을 꿈꾸는 시대의 장인이었다. 노자처럼 먼 하늘에서 자신을 바라보며 구름 위를 걸어가는 시인은 천상에서 가장 아름다운 불꽃이었다.

다리의 독백

물결들이
서로를 바라보며 떨고 있다
바람에 실려
달빛에 스며
다리 아래 물결들이 서로 사랑한다

강물이
다리 아래서 물길을 나눈다
말없이 갈 수 있는 길
다리를 지나고 지난

비가 내려도
바람이 불어도
다리는 서 있다
다리의 마음을 헤아린
강물은 독백한다

그때
왜 물이 물을 싫어했을까
왜 그의 손을 놓았었을까.

서로 기대는 꽃잔디

누구에게나 밟힌 꽃잔디
속울음을 감춘다

모든 잡초는 밟혀도
밟힌 자리마다 푸름이 번진다

땅을 쓰다듬으면서
서로 웃으며 기대는 꽃잔디.

제3부
바위와 담쟁이

관계의 변증법, 상처를 통한 연대의 가능성과 공존의 윤리

자목련

화양연화花樣年華를 맞는 자목련
봄비 속 낙화를 예감하고
바람에 손 내밀어 탱고를 춘다

붉은 꽃잎은 뜨겁게
속살은 부드럽고 청순하게
너의 숨소리 체온을 느낀다

길지만 길지 않고
짧지만 짧지 않은
생애 순간의 긴장감

네가 있어
봄날이 행복했다.

바위와 담쟁이

바위는 표정이 없다. 침묵보다 단단한 살결, 울퉁불퉁 솟아난 바위틈에 담쟁이의 숨결이 머물 수 있도록 틈을 내어주는 바위. 푸른 잎새들이 굳은살 바위의 피부를 더듬어 가장 연한 속살을 파고든다. 시린 밤, 이슬을 피하려는 여린 잎들에게, 세찬 바람에 흔들리는 줄기에게, 바위는 듬직한 어깨를 내어준다. 담쟁이는 안다. 이 무심한 품이 얼마나 귀한 안식처인지를. 그래서 겨울밤에도 마른 덩굴로 바위를 감싸 안는다. 천둥 번개가 내리쳐도 바위의 살점이 떨어져 나갈 때조차, 담쟁이는 끊어진 줄기로 필사적으로 바위를 부둥켜안는다. 함께 흔들리고 단단해진 공존의 연대. 우리 안에도 거칠고 얼어붙었던 마음의 바위와 끈끈한 담쟁이가 살고 있다. 이 풍진 세상에 온기를 나누는.

진달래, 영혼을 부르다

연분홍 치마자락 산을 깨운다

가슴 사무친 그리움으로
잠든 영혼을 부른다

가슴에 파고든 그리움의 뿌리
연분홍 꽃잎을 피워낸다

바람은 진달래 꽃등을 밀며
영혼의 안부를 묻는다.

푸른 깃발

내 몸은 깃발이다
바람의 손이 찢어놓은 깃발
울부짖는 새벽의 색로
나는 푸르다

누가 나를 접었는가
푸른 피
내 자유는
바람 소리로 울음 운

나는 다시 몸을 펼친다
이 푸른 깃발
몸의 외침이다

이 밤
나의 심장은 안녕한가
나의 피는 펄럭인다.

홍매

스스로를 찢으며 피는
홍매, 그것은
눈물의 다른 이름

얼어붙은 말로
붉은 점 하나 찍는다
첫사랑의 멍.

홀로 선 나무

저녁 해가
강물 위에 눕는다
금빛 물결이 스러지는
강의 끝자락
나무는 홀로 서 있다

강은
지친 기색 없이 흐른다
새들은 지쳐 돌아갔다
강물을 지키는 장승이 된 나무

강에 달이 뜨고
나무 그림자
내일 해를 기다린다
달빛 산빛 산수화

강물의 잔등 어딘가

물메기 한 마리 나는 보았다고
나무는 속삭인다.

장미 선생님

장미 선생님은 얼굴이 붉었다

아니
눈이 입이 붉었다
그런데
선생님은 흰말을 가르쳤다
"흰 장미는 흰 피
붉은 장미는 붉은 피 흘리는데
어느 피가 더 아플까?"

그 문장이 칠판에서
피투성이가 되던 날
학생들은 장미의 가시에
눈이 찔렸다

선생님의 피 같은 말은
답이 없는

신도 모르는 말이었다
백지의 말.

역마살

내 안에는
길이 살고 있다
바람의 길

어머니 뱃속에서 이미
길 떠날 준비 끝났다
이 마을 저 마을
꽃 핀 자리마다 몸을 눕혔다

사랑은 머물라 하고
별들은 떠나라 했다
나는 그 중간 어디쯤 걸터앉아
마음 봇짐 속
이별을 들여다본

그것은 역마살
태곳적 그리움

머문 자리 뿌리 못 내리는

뿌리는 뿌리에게 간다
아직 만나지 못한
나에게 간다.

언제쯤

언제쯤
잊혀진 갈대들이
입술 열고
울음을 터뜨릴까

갈대는 애원한다
그러나
하늘은 귀를 닫고
파랗기만 하다

언제쯤
저 파란 기운 내려와
저 사라진 것들
다시 부를까.

어머니의 풍로

복날, 어머니는 풍로를 꺼내시어
가마솥에 장작불을 지폈다
풍로를 돌리며 삼계탕을 끓였다

흐르는 땀을 소매로 훔치고
이열치열以熱治熱이 건강에 좋다며
솥뚜껑 뽀얀 김에 흐뭇하셨다

녹슨 풍로를 돌릴 때마다
장작불이 활활 타올랐다
복날, 자식 사랑 어머니의 풍로

내 가슴속에 돌고 돈다.

평형수

이별의 슬픔을 넘으려
눈물을 삼켜보지만
불균형 잡지 못하고
가슴속 상실을 눈물로 채운다

파도에 쓰러지지 않으려
몸을 파도에 맡긴다
저항할수록 출렁거리는 배
평형수의 무게 파고를 넘는다

가벼우면 흔들리고
무거우면 가라앉는 배
절망과 희망의 무게중심
밤바다에서 항로를 찾는다

눈물의 기도는
길 없는 바다를 길 있게 한다

간절한 기도에
평형수는 신의 중심을 잡는다.

팽이가 돈다

쓰러지는 팽이를 팽이채가 내려친다
팽이는 도는지도 모르고 돈다

잠시 한눈 팔면
팽이가 중심을 잃는다
이 이치가 참 중하다

그렇듯 내가 나에게
한 눈 팔면 지구가 멈춘다
팽이가 돌 듯
지구가 돌 듯

나도 돌아야 한다
미쳐야 산다.

치유의 숲

숲이 나를 삼켰다
나의 울음까지
세포들이 풀잎처럼 눕고
폐에서 나뭇잎이 자라났다

피멍이 들었던 날
아픔을 품고
숨을 고르며
숲속으로 들어갔다

살갗을 헤집는
치유의 손가락이
목을 더듬고
머릿속 독백을 뒤집었다

아기처럼 울며
부서진 뼈 맞추던 나

새살 돋은 목소리
숲이여, 나를 치유하였는가.

촉

시인의 촉
춤추는 펜
가난한 장단에 신명난다

날개 달린 촉
한순간 날아가 버린다
헛바람 들이키는 병든 폐
붉은 피를 토한다

시인의 붉은 촉
신을 토한다.

호두

잘못 깼다간
속살이 으스러진다
이야기도 생각도 마음도
겹겹이 피어나듯 열어야 한다

여자의 머릿속
수백 개의 미로
길 찾기는
호두의 뇌에게 물어야 한다

호두를 깨는 사람보다
깨어지는 쪽의 마음으로
호두 하나를 깬다
조금은 그녀를 알 것 같다.

훈습熏習

향은 날린다
낡은 베갯잇에서 어머니의 숨결이
묵은 시집에서 젖은 낱말이

너는 스며든다
내 말투와 미소
내 기다림까지

부딪히며 닳아
남아있는 것을
문득 알게 될 때

너라는 향기는
바람이다
설레어 날리는 마음이다.

마음의 뼈

마음이 허기진 시간
풀 그림자 누운 자리에
바람이 스쳐간다

떨어진 낙엽
바람의 뼈가 되어 굴러간다
사랑을 만지는 마음이다

잊힌 말들의 숨결
허공에 말리는 입술
바람은 마음의 뼈다

지나간 흔적은
마음을 자라나게 한다
흰색도 검은 색도 아닌 힘.

제4부
바람의 뼈

소멸과 생성의 순환, 부재 속 형이상학

민들레

나는 밟힌다
수천 번 수만 번
신발 밑에서 으깨진 이름
자면서 피어나는 노란 피

꽃이 아닌 꽃, 민들레
길바닥 눈물 닦아주는
노란 손수건
인생의 깃발이다

바람에게 민들레 이름 맡기면
수천 개 꽃씨
어디고 날아가
노랗다

바람꽃 이제 울지 않는다
밑바닥을 기면서

밟히고 으깨어져도 꿈을 모아
기어코 노란 세상을 만든다.

갈대

바람의 머리채
벌레 울음소리에도 흔들리고
스스로 갈라지는 몸이 가늘다

눕지 않고
바람에게 허리를 내준다
무릎도 관절도 없이 나부끼는 사랑

갈대밭 눕는 소리에 놀란
들새들 날아가며 외친다
속 빈 갈대 바람 잘 날 없다

흔들릴 때마다 찢긴 갈대의 말
슬픈 바람에 눕고
기쁜 바람에 일어서는.

주문진항

물고기의 꿈속에서 태어났다
비늘이 반짝이는 항구
주문진항 뱃고동 소리에
뱃속을 열어젖힌다

비린내와 뾰족한 낚시바늘
수천 개의 눈을 반짝이며
물고기 눈알보다 더 투명한
펄떡이는 언어로 소리친다

나는 주문진항에서
바다의 기억을 들여다본다
갈라진 조개껍질 사이
소금물에 젖은 고무장갑 속
여자의 손등에 박힌 기억의 가시들을

주문진항,

치맛자락을 걷고
끝내 말하지 못한 울음을
바닷속에 던져버린 여자들
지느러미를 잃어버린 채 닻을 내린다.

생명의 뒷모습

생명의 뒷모습
노을이 탄다
살아 있는 마지막 숨결
붉고 붉다

노을은
낮이 사라진 붉은 알림
불
불의 타오름

노을은
하늘이 토하는 피
태양에 타는
피의 순간이다

노을은
침묵의 불이다

사라지는 생명의 뒷모습
장엄하다.

바람의 뼈

바람이 지나간 뒤
고독의 그림자 드리우고
가슴에 서걱이는 바람의 뼈

부러진 갈대의 목덜미
풀숲에 내려앉은 잔가지
낙엽에 뚫린 가슴 통증

지붕의 기왓장 사이 숨결처럼
허공을 더듬는 손끝에
잡히는 뜨거운 사랑

바람의 흔적을 따라간다
마음속 허공을 가만히 쓸어보니
너의 숨결 앙상하게 남아있다.

마추픽추

돌이 하늘을 향해 눈을 부릅뜬다

푸른 허공이 찢어진
숨을 고르는 폐허
다시 일어서는 바람
시간의 조각을 흩뜨린다

벗겨진 언어의 껍질
천 길 낭떠러지 아래로 떨어진다
더러는 돌 틈 풀로 자라서
경계를 지운다

시간의 심연
영겁 속으로 걸어가면
그대
마추픽추 목소리 영롱하다.

채송화

나는 낮에만 입을 연다

태양이 내 눈동자에 못을 박을 때
붉은 혓바닥 더욱 붉다
여자의 본능이다
아침에 피고
저녁에 죽는다
여자의 붉은 목숨은
죽어 다시 산다

나는 돌 틈에서 태어났다
꽃밭이 아닌 모퉁이
돌담이 고향이다
안간힘으로
피어올랐다

너는 몰랐지

작디작은 꽃 안의
붉은 고단함
그것은 화장이 아니다
상처가 뿜는 아픈 빛이다.

매화

눈 속에서
나는 핀다
아직 눈 뜨지 않은 꽃들에게
나는 말한다

매화는 꽃이 아니다
겨울 울음이다
흰 절규다
봄을 부르는 나팔이다

나는 목을 비틀어
흰 피를 뿌린다
가지 끝 얼음꽃
나는 매화다

흰 피 흰 말의 꽃
한참 청초하다

이제야
늦은 봄꽃들 따라 핀다.

백일홍

여름의 땡볕이
핏줄을 타고 올라와
폭발한다

백번 죽고 백번 살아난 나는
태양에게 목덜미 뜯기며
절규한다

이 여름
아무리 불을 퍼부어도
백일동안 나는
나를 피운다.

나룻배

강 위에 떠 있는 나룻배
흐르는 것은 강물이지만
머무는 것은 나, 흔들린다

시간이 내 몸을 건너간다
발자국 없는 그림자들이 묻는다
이 강은 어디 가는 길목인가

검은 물살이 답한다
시간의 저편에 간다
나를 비우러 간다는 말이다

흐르는 강물을 바라본다
강물이 난지 내가 강물인지
나는 모른다.

첫눈 내리는 날

첫눈 오는 날엔
작은 약속 하나 생겼으면 좋겠다

가만히 손잡아 줄 사람
따뜻한 커피 한 잔 나눌 사람

내리는 눈송이 따라
얼어붙은 마음 포근히 덮이듯

첫눈 오는 날엔
그저 설렘으로

네가 오지 않아도
네가 와 있는 것처럼

창가에 앉아
첫눈을 맞는다.

빛의 약속

어둠이 속삭일 때
작은 등불 하나 켠다
깨어진 꿈 조각들
희미한 온기로 손을 내민다

고요의 숨은 불안이다
차가운 바람에 흔들리며
창으로 스며든 별빛
깊은 심연을 가른다

아침 이슬
고백의 빛 머금고
내 안에 잠들었던
새벽의 첫 노래 일어선다.

겨울 둥지

겨울나무 가지 끝
생명이 깃들었던 자리
새 둥지

푸른 날갯짓의 추억
오목눈이 작은 부리가 떨린다
언 가지가 녹아 둥지가 무너진다

새끼를 잃은 오목눈이
가슴에 새끼를 묻고
겨울을 넘는다

오목눈이는
둥지의 눈을 털며
푸른 날갯짓으로 봄을 부른다.

개망초

누가 이 꽃을 버렸나

길가에 뭉개진 얼굴로
울고 있는 꽃
나는 저 꽃이 뱉어낸
흙탕물 울음을 안다

소복 입은 여름 귀신이
서 있는 한낮
눈동자도 없이
손바닥도 없이

온몸이 입술인 꽃
너는 개망초.

한 끼 밥상

밥상이 온다
심장을 덥힐 음식
그릇에 앉아 있다

고기 한 점
아이의 눈이
행복한 웃음소리를 낸다

한 식구 한 끼
밥상이 따라 웃는다
아비는 부러울 게 없다.

석류

가을 끝자락
붉게 익은 석류
입 벌려 속을 보여준다
보석 박힌 붉은 입
천둥 번개 언뜻 지나고
마음이 어지럽다

비와 바람,
기다림의 날들이
속살에 박힌 보석이 되었다.

물고기 울음항, 주문진

물고기 반짝이는 부두 끝
뱃고동 소리 듣고
풍언지 아닌지 안다

수천 개 물고기 눈알 껌벅인다
물빛 투명한 어시장
경매 소리 펄떡인다

주문진에서 태어난 어느 시인을 나는 안다
조개껍질 소금물 바다향을 사랑한다며
말을 더듬었다

발끝에 물을 적시며 끝내 말 못한 말
울음 울던 어시장 그 여자
이상한 물고기 울음이었다.

자작시 해설

언어의 뒤안길, 침묵의 무게를 견디는 일, 끝나지 않은 고투

자작시 해설
시의 굽잇길 『바위와 담쟁이』를 말하다 _ 김진명 시인, 소설가

상처의 웅덩이에서 길어 올린 존재의 속삭임

시작하며:
언어의 뒤안길, 침묵의 무게를 견디는 일, 끝나지 않은 고투

한 권의 시집을 세상에 내놓는 일은, 오랜 시간 홀로 걸어온 길 위에서 지나온 발자국을 되짚어보는 행위와 같다. 그 길 위에는 햇살 좋은 날의 기억, 비바람 몰아치던 날의 상처, 안갯속 같던 불안과 고독이 뒤섞여 있다. 시집 『바위와 담쟁이』는 내면적 여정의 한 단면을 진솔한 언어로 기록하려는 시도다. 이 글을 통해 내 시가 의도했던 만큼 존재의 깊이에 가 닿았는지, 상처 입은 이들의 신음을 제대로 담아냈는지 자문해 보려 한다.

돌이켜보면 나의 시 쓰기는 존재의 가장자리, 언어의 뒤안길에서 침묵에 가까운 언어, 사물의 낮은 속삭

임에 귀 기울이며 미세한 떨림과 존재의 근원적 무게를 길어 올리려는 작업이었다. 문학이란 세상과의 불화 속에서 받은 상처를 언어로 위로하고 의미화하는 과정이라 생각한다. 나의 시 역시 상처의 기억과 그것을 불완전한 언어로 더듬어 가려는 안간힘의 기록이다.

『바위와 담쟁이』는 총 4부로 「아버지의 등」, 「나이테의 정원」, 「바위와 담쟁이」, 「바람의 뼈」라는 이름을 달고 있다. 이 제목들은 기억과 상실, 시간과 자연, 관계와 연대, 존재의 본질이라는 나의 핵심 화두와 맞닿아 시집 전체를 하나의 그물망으로 형성한다. 이 글에서는 각 부의 대표시를 중심으로, 내가 어떤 마음으로 시를 썼으며, 어떤 풍경과 의미를 담아내고자 했는지 비평적 안목을 빌려 스스로에게 질문하고 답하는 형식으로 풀어보고자 한다. 이는 시인으로서 맨얼굴을 드러내는 고백이자, 독자와의 진솔한 소통을 위한 발걸음이 될 것이다.

제1부 아버지의 등:
침묵의 경전, 부재로 현존하는 기억의 무게

나의 시에서 '아버지'는 겹겹이 쌓인 기억의 퇴적층

아래 묻힌 고고학 유적지와 같았다. 그 기억을 파헤치는 일은 고통스럽고 애틋했지만, 이를 통해 아버지라는 존재의 의미와 그의 부재가 남긴 흔적을 감지할 수 있었다. 제1부 「아버지의 등」은 아버지의 침묵 속에 담긴 '경전'을 해독하려는 '몸의 고고학'이다. 아버지의 몸, 특히 '등'은 한평생의 노동과 고뇌, 사랑과 책임감이 새겨진 기록물이기 때문이다.

> (중략)
> 등뼈로 중심을 잡고 있다는 것을 나는 몰랐다
> 아버지 등에 새겨진 통증의 흔적을
> (중략)
> 자전거를 타고 일터로 향하는 아버지의 등
> 조금씩 굽어가는 열두 마디에 새겨진 경전
> 한 줌 재가 되어 돌아온 뒤에야 나는 알았다.
> ―「아버지의 등」 부분

아버지의 등은 '누구에게도 기대지 않고 등뼈로 중심을 잡으며 평생을 살아온 고독한 투쟁과 통증의 흔적'이다. 그의 일상은 '자전거 바퀴가 그림자처럼 아버지를 따라가며 / 달달달 경전을 외우고 다니는' 모습으로 요약된다. '달달달' 소리는 단순한 자전거 소리가 아닌, 삶의 무게를 견디는 아버지의 묵묵한 인내를 함축한다. 생전에는 그 '고독한 경전'의 의미를, '조금씩 굽어가는 열두 마디'에 담긴 사연을 읽지 못한다. 아버지의 육신이 '한 줌 재가 되어 돌아온 뒤에야' 비로소 그 침묵의 언어들이 밀려 들어온다. 이는 '부재를 통한 현존의 확인', '상실을 통한 의미의 재발견'이다. 아버지의 물리적 소멸은 역설적으로 그의 정신적 유산의 무게를 절감하게 했고, '몸의 경전'을 통해 삶의 진정성에 눈뜨게 된다.

    태양이 익어 넘어진
    작별을 준비한 오후
    그녀가 피어났다

    밤에 피었다
    아침에 잠이 들고
    석 달 열흘 밤을 지새우고

    샛별 하나
    떠난 자리엔
    까만 분꽃씨 남아있다.
    ―「분꽃의 추억」 전문

이 시는 제1부의 문을 연다. '작별'과 '떠난 자리', '씨앗'이라는 모티브를 통해 상실과 기억, 순환이라는 주제를 암시한다. '태양이 익어 넘어진 / 작별을 준비한 오후'는 한 존재와의 이별, 한 시대의 종언을 예감케 하는 쓸쓸하고 아름다운 풍경이다. '그녀'로 지칭된 분꽃은 '밤에 피었다 / 아침에 잠이 드는' 찰나적 생명력을 지녔지만, '석 달 열흘 밤을 지새우고'라는 구절로 응축된 시간의 존재감을 드러낸다. '그녀'는 내 기억 속 어머니, 혹은 아버지 삶에 영향을 끼친 인연, 나아가 아버지의 삶 자체를 은유할 수 있다. 중요한 것은 '떠난 자리'에 남겨진 '까만 분꽃씨'이다. 작은 씨앗은 소멸 이후에도 지속되는 생명의 약속이자, 기억의 응축물이며, 앞으로 펼쳐질 아버지 이야기의 서곡이다.

다락방 먼지 쌓인 서랍을 연다

(중략)

어떤 서랍에는

상처로 봉인된 상처가 있다

검은 안개 속 붉은 상처는

나의 어린 환상

그냥 놓아두자.

―「기억의 서랍」 부분

유년 시절의 기억 또한 중요하다. 「기억의 서랍」은 과거 기억을 조심스레 꺼내보며 현재의 나를 형성한 근원적 경험을 반추한다. '다락방 먼지 쌓인 서랍'은 잊힌 시간의 저장고다. 그 안에는 정겨운 풍경과 함께, '뱀이 잠들어 있'고 '뱀도 꿈을 꾼다'는 묘사처럼 숨겨진 불안, 공포, 억압된 욕망도 존재한다. '어떤 서랍에는 / 상처로 봉인된 상처가 있다'는 것은 과거 트라우마의 현재적 영향을 시사한다. '검은 안개 속 붉은 상처는 / 나의 어린 환상'이라는 고백, 상처가 주관적 해석과 기억의 왜곡을 통해 형성될 수 있음을 암시한다. 그리고 그 상처를 '그냥 놓아두자'고 말한다. 이는 과거 상처를 있는 그대로 인정하고 현재의 삶과 공존하려는 성숙한 태도, 즉 상처를 다루는 또 다른 방식인 '놓아둠'을 보여준다.

제2부 나이테의 정원:
시간의 육화, 상처 입은 생명의 순환

「나이테의 정원」에서는 시선을 자연, 특히 식물적

생명으로 옮겨 시간의 흐름 속에서 성장하고 상처받으며 순환하는 존재들의 모습을 담고자 했다. '나이테'는 2부를 관통하는 핵심 상징으로, 시간의 물질적 현현이자 경험과 상처, 생명의 역사가 응축된 기록물이다. '정원'은 나이테를 지닌 존재들이 어우러져 살아가는 구체적 공간이자 내면세계를 반영하는 거울이다.

> 사람이 무심코 밟고 가도
> 잔디는 어금니를 꽉 문다
> (중략)
> 밑바닥을 기면서도
> 어깨동무하며 피는 꽃잔디
>
> 웃으며 돌담을 넘는다.
> ―「꽃잔디」부분

꽃잔디는 연약함 속에 숨겨진 강인한 생명력의 상징이다. '사람이 무심코 밟고 가도 / 잔디는 어금니를 꽉 문다'는 모습은 능동적 저항 의지를 보여준다. '밑바닥을 기면서도 / 어깨동무하며 피는' 꽃잔디는 가장 낮은 곳에서 연대하며 아름다움을 피워내는 존재들의 숭고함이다. '웃으며 돌담을 넘는' 모습은 시련과 한계를 초월하여 새로운 가능성을 향해 나아가는 생명의 승리다. 나는 꽃잔디를 통해 상처받고 소외된 존재들이 지닌 끈질긴 생명력과 그들이 만들어내는 조용한 혁명의 아름다움을 노래하고 싶었다.

    저 먼 별에서 지구까지 암흑을 뚫고 이억 광년 달려온 씨앗 하나 (중략) 어림잡아 십수 년이 새카맣게 타버렸고 징글징글 속이 문드러진 흔적을 본다 (중략) 삶의 한순간 예술로 남아있는 나이테의 항해도를 보라 한 여인의 미소가 회색 하늘 아래 비친 장밋빛 저녁이 오늘 나의 나이테에 감긴다.
    —「나이테의 정원」 부분

나이테는 시간의 가장 구체적이고 물질적인 현현이다. 동심원 안에는 살아낸 시간의 희로애락과 상처가 담겨 있다. '빛과 어둠이 엮어낸 묵묵한 원의 궤적'은 삶의 양면성을 보여주며, 궤적이 '갑자기 흔들리고' '서로 다른 얼굴이 서로 다른 살을 섞고 숨결을 섞는다'는 것은 존재의 복합성과 이질성을 끌어안는 생명의 본질이다. 특히 '십수 년이 새카맣게 타버렸고 징글징글 속이 문드러진 흔적'은 나이테가 성장뿐 아니라 깊은 상처와 고통, 실패와 좌절의 기억까지 담고 있음을 보여준다. 이 '문드러진 흔적'이야말로 나이테의 결을 더욱 깊고 풍부하게 만드는 역설적인 요소다. 나이테는 '폭풍 속에 부러진 슬픔과 눈물로 얼룩진 한 겹의 세월'과 '흰 눈처럼 부드럽게 쌓여있는 한 겹의 세월'이 공존하는, '눈물과 웃음의 시간'이다.

> 실핏줄이 사지로 흩어진다
> 차가운 새벽 공기를 마시며
> 심장은 군불을 지핀다
> (중략)
> 열리는 여명 속에서
> 어머니는 부지깽이로 꿈을 지휘하셨다
> (중략)
> 어머니의 손길이 바람을 타고
> 내 마음에 불을 놓는다.
> ―「어머니는 오케스트라 지휘자」 부분

어머니는 '오케스트라 지휘자'로서 삶의 조화와 생기를 불어넣는 예술가로 그려진다. 일상적 노동 속에 숨겨진 헌신과 사랑, 그 숭고한 의미를 형상화한다. '차가운 새벽 공기를 마시며 / 심장은 군불을 지핀다'

는 어머니의 내면에서 시작되는 하루의 역동적 에너지를 포착한다. '심장이 군불을 지핀다'는 것은 가족을 위해 자신을 태워 따뜻함을 만드는 어머니의 근원적 사랑을 암시한다. 가장 공들인 부분은 '어머니는 부지깽이로 꿈을 지휘하셨다'는 구절이다. 부엌 아궁이라는 평범한 공간에서 이루어지는 어머니의 노동은, 오케스트라 지휘자가 악기들을 조율하여 교향곡을 만들듯, 가족들의 삶과 꿈을 조화롭게 이끄는 창조적이고 예술적인 행위로 격상된다. 부지깽이는 어둠을 몰아내고 새로운 날의 꿈을 빚어내는 마법의 지휘봉이다. 마지막 연에서 '어머니의 손길이 바람을 타고 / 내 마음에 불을 놓는다'는 것은 어머니의 사랑과 헌신이 현재 나의 삶과 정신에 지속적으로 영향을 미치고 있음을 보여준다.

제3부 바위와 담쟁이:
관계의 변증법, 상처를 통한 연대의 가능성과 공존의 윤리

시집 전체의 표제이기도 한 「바위와 담쟁이」가 속한 제3부는 개별 존재의 고독을 넘어선 관계와 연대의 문제를 중심 화두로 제시한다. '바위'는 견고함, 불변

성, 침묵, 상처 입은 존재를, '담쟁이'는 유연함, 생명력, 관계 맺음, 상처를 감싸 안는 포용력을 상징한다. 두 이질적 존재의 결합과 상호작용을 통해 이상적인 공존의 형태, 서로의 다름을 인정하고 의지하며 시련을 극복하는 관계의 윤리를 그려보고자 한다.

 바위는 표정이 없다. 침묵보다 단단한 살결, 울퉁불퉁 솟아난 바위틈에 담쟁이의 숨결이 머물 수 있도록 틈을 내어주는 바위. (중략) 천둥 번개가 내리쳐도 바위의 살점이 떨어져 나갈 때조차, 담쟁이는 끊어진 줄기로 필사적으로 바위를 부둥켜안는다. 함께 흔들리고 단단해진 공존의 연대. 우리 안에도 거칠고 얼어붙었던 마음의 바위와 끈끈한 담쟁이가 살고 있다. 이 풍진 세상에 온기를 나누는.
 ―「바위와 담쟁이」부분

이 산문시는 바위와 담쟁이를 통해 공존과 연대의 의미를 탐구한다. 바위는 '침묵보다 단단한 살결'을 지녔지만, 담쟁이의 '숨결이 머물 수 있도록 틈을 주고', '여린 잎들에게', '흔들리는 줄기에게' '듬직한 어깨를 내어주는' 포용력과 배려심을 지닌 존재다. 담쟁이는 바위의 '무심한 품'이 '얼마나 귀한 안식처인지'를 알고, '겨울밤에도 마른 덩굴로 바위를 감싸 안으며' 그를 보호한다. 이들의 관계는 상호적인 지지와 보호의 관계다. 연대의 극적인 모습은 시련의 순간에 드러난다. '천둥 번개가 내리쳐도 바위의 살점이 떨어져 나갈 때조차, 담쟁이는 끊어진 줄기로 필사적으로 바위를 부둥켜안는다.' 담쟁이는 연약함에도 바위의 상처를 함께 감당하고 보호하려는 숭고한 희생정신을 보여준다. 그들은 '함께 흔들리고 단단해진 공존의 연대'를 이룬다. 이 관계를 인간 내면과 사회적 관계로 확장하여, '우리 안에도 거칠고 얼어붙었던 마음의 바위와 끈끈한 담쟁이가 살고 있다'는 것은 인간 내면에 강인함과 유연성, 이성과 감성, 고독과 관계욕구가 공존하며, 둘의 조화가 중요함을 암시한다. '이 풍진 세상에 온기를 나누는' 구체적인 실천을 통해 각박한 현대사회에 의존과 사랑, 연대의 가치를 일깨우기를 소망한다.

(중략)
누가 나를 접었는가
푸른 피
내 자유는
바람 소리로 울음 운

나는 다시 몸을 펼친다

이 푸른 깃발

몸의 외침이다

이 밤

나의 심장은 안녕한가

나의 피는 펄럭인다.

―「푸른 깃발」 부분

「푸른 깃발」은 상처 입었음에도 자신의 존재를 주장하고 자유를 향한 불굴의 의지를 드러낸다. 시적 자아는 자신을 '깃발'로 규정하는데, 깃발은 이상, 신념, 정체성을 상징하는 동시에 바람에 훼손될 수 있는 취약한 존재다. 깃발은 '바람의 손이 찢어놓은 깃발'이다. '바람의 손'은 시련, 억압, 폭력적 외부 세계를 상징하며, 그로 인해 자아는 상처 입고 고통받는다. 그럼에도 '울부짖는 새벽의 색깔로 / 나는 푸르다'고 선언한다. '울부짖는 새벽'은 고통과 절망의 극한이자 새로운 시작과 희망의 가능성을 내포한다. '푸르다'는 젊음, 이상, 희망, 멍든 상처 등 다양한 의미를 함축하며, 시련에도 본질과 순수성을 잃지 않으려는 자기 긍정을 나타낸다. '누가 나를 접었는가'라는 질문은 자신을 억압하는 외부 힘에 대한 근원적 문제 제기다. '푸른 피'는 생명력과 자유를 향한 열망을 상징하며, '내 자유는 / 바람 소리로 울음 운'은 자유 획득 과정의 고통과 슬픔을 동반한 처절한 투쟁임을 암시한다. 자아는 좌절하지 않고 '나는 다시 몸을 펼친다'고 선언한다. '이 푸른 깃발 / 몸의 외침이다'라는 구절은 자신의 존재를 온몸으로 증명하고 세상에 목소리를 내겠다는 강한 의지다. '몸'은 상처받는 수동적 대상이자, 상처를 통해 존재를 발화하는 능동적 주체다. '몸의 외침'은 언어 이전의, 원초적이고 진실한 자기표현이다. 마지막 연의 자기 성찰과 생생한 자기 확신은 여전히 투쟁하고 있음을 보여준다.

이별의 슬픔을 넘으려
눈물을 삼켜보지만
불균형 잡지 못하고
가슴속 상실을 눈물로 채운다
(중략)
가벼우면 흔들리고
무거우면 가라앉는 배
절망과 희망의 무게중심
밤바다에서 항로를 찾는다

> 눈물의 기도는
> 길 없는 바다를 길 있게 한다
> 간절한 기도에
> 평형수는 신의 중심을 잡는다.
> ―「평형수」부분

「평형수」는 삶이라는 거친 바다를 항해하는 인간 존재의 모습을 배에 비유한다. '이별의 슬픔'은 '불균형'을 초래하고, '가슴 속 상실을 눈물로 채우게' 만든다. 그러나 이에 함몰되지 않고, '파도에 쓰러지지 않으려 / 몸을 파도에 맡긴다'는 자세를 취한다. 이는 시련을 수용하고 유연하게 대처하며 균형을 찾아가려는 지혜로운 태도다. '평형수'는 배가 거친 파도 속에서도 균형을 잡고 안정적으로 나아가도록 하는 무게추다. 삶의 무게와 고통을 감내하고 내면의 중심을 잡는 힘, 시련을 극복하기 위한 지혜와 인내를 상징한다. '평형수의 무게로 파고를 넘는다'는 것은 고통과 슬픔을 끌어안고 내면화함으로써 역경을 헤쳐나갈 힘을 얻는다는 의미다. '가벼우면 흔들리고 / 무거우면 가라앉는 배'라는 구절은 삶의 균형이 얼마나 섬세하고 어려운지를 보여준다. 시적 자아는 '절망과 희망의 무게중심으로 / 밤바다에서 항로를 찾는다'. 이는 삶의 어둡고 불확실한 국면 속에서 절망과 희망 사이에 균형을 유지하며 끊임없이 자신의 길을 모색하려는 인간의 끈질긴 의지다. '눈물의 기도는 / 길 없는 바다를 길 있게 한다'는 희망과 진심 어린 기도가 불가능해 보이는 상황 속에서 새로운 길을 열어줄 수 있다는 믿음이다. 눈물은 정화와 성찰을 통해 가능성을 잉태하는 힘이다. '간절한 기도에 / 평형수는 신의 중심을 잡는다.'는 것은 인간의 내면적 노력과 균형 잡힌 삶의 태도가 궁극적으로 신적인 질서나 우주의 조화와 맞닿아 있음을 시사한다.

제4부 바람의 뼈:
소멸과 생성의 순환, 부재 속 형이상학

시집의 마지막 장 제4부 「바람의 뼈」는 시적 사유를 근원적이고 형이상학적인 차원으로 확장시킨다. '바람'은 눈에 보이지 않으나 모든 것에 영향을 미치는 힘, 끊임없는 변화와 움직임, 시간의 흐름, 기억과 정신의 영역을 상징한다. '뼈'는 존재의 가장 본질적인 구조, 죽음 후에도 남는 근원적인 형태, 쉽게 변하지 않는 진실이다. 두 이미지를 결합하고 교차시키면서,

구체적인 현상을 넘어선 존재의 본질, 소멸과 생성의 순환, 부재 속 숨겨진 현존의 의미를 탐구하고자 한다.

 (중략)
신발 밑에서 으깨진 이름
자면서 피어나는 노란 피

꽃이 아닌 꽃, 민들레
(중략)
바람에게 민들레 이름 맡기면
수천 개 꽃씨
어디고 날아가
노랗다

바람꽃 이제 울지 않는다
밑바닥을 기면서
밟히고 으깨어져도 꿈을 모아
기어코 노란 세상을 만든다.
 ─「민들레」부분

「민들레」는 제2부의 「꽃잔디」와 주제 의식에서 맥

이 같다. 민들레는 '수천 번 수만 번' 밟히고 '신발 밑에서 으깨'지는 연약한 존재지만, '자면서 피어나는 노란 피'와 같은 강인하고 끈질긴 생명력이 숨겨져 있다. '노란 피'는 민들레의 색깔이 생명의 본질과 연결되며, 고통 속에서 소멸하지 않는 존재의 시각화다. 민들레를 '꽃이 아닌 꽃'이라 칭하며, 단순한 미적 대상을 넘어 더 깊은 존재론적 의미를 지닌다고 암시한다. 민들레는 '길바닥 눈물 닦아주는 / 노란 손수건'으로서 위로와 연민의 상징이며, '인생의 깃발'로서 삶의 방향과 희망을 제시하는 이정표다. 핵심은 '바람에게 민들레 이름 맡기면 / 수천 개 꽃씨 / 어디고 날아가 / 노랗다'는 구절이다. '바람'은 민들레의 생명력을 확산시키는 매개체다. 민들레는 바람을 통해 씨앗을 퍼뜨려 무한히 증식하고 새로운 생명을 창조한다. '어디고 날아가 / 노랗다'는 것은 민들레의 생명력과 희망이 보편적으로 확산될 수 있음을 의미한다. '노랗다'는 긍정과 희망의 세계가 펼쳐지는 모습을 함축한다. 민들레는 '밑바닥을 기면서 / 밟히고 으깨어져도 꿈을 모아 / 기어코 노란 세상을 만든다.' 이는 절망적인 상황 속에서도 포기하지 않고, 작은 힘들이 모여 긍정적으로 변화시킬 수 있다는 강력한 희망의 메시지를 전달한다.

바람이 지나간 뒤
고독의 그림자 드리우고
가슴에 서걱이는 바람의 뼈
(중략)
바람의 흔적을 따라간다
마음속 허공을 가만히 쓸어보니
너의 숨결 앙상하게 남아있다.
―「바람의 뼈」부분

'바람의 뼈'라는 이미지는 보이지 않는 것의 본질, 사라진 것의 흔적을 통해 존재의 심층에 다가가려는 시도다. 바람은 형체가 없지만, 지나간 자리에는 '고독의 그림자'와 함께 '바람의 뼈'라는 날카로운 감각이 남는다. '바람의 흔적을 따라가'며 '마음속 허공을 가만히 쓸어보는' 행위를 통해, 부재하는 것, 사라진 것의 의미를 찾는다. 허공 속에서 발견하는 것은 '앙상하게 남아있는 너의 숨결'이다. 군더더기가 제거된 순수한 본질만 남아, 역설적으로 강한 존재감을 느끼게 한다. 소멸과 부재 속에서 오히려 뚜렷해지는 본질, 상실의 경험을 통해 얻는 깊은 성찰과 사랑의 의미를 담고자 한다.

돌이 하늘을 향해 눈을 부릅뜬다

푸른 허공이 찢어진
숨을 고르는 폐허
(중략)
벗겨진 언어의 껍질
천 길 낭떠러지 아래로 떨어진다
더러는 돌 틈 풀로 자라서
경계를 지운다

시간의 심연
영겁 속으로 걸어가면
그대
마추픽추 목소리 영롱하다.
　―「마추픽추」 부분

「마추픽추」는 고대 잉카 문명의 유적지를 배경으로 시간의 장엄함, 역사의 무게, 문명의 흥망성쇠, 모든 것을 넘어서는 존재의 영속성에 대한 작품이다. '돌이 하늘을 향해 눈을 부릅뜬다'는 구절은 마추픽추가 살아있는 존재처럼 시간을 관통하며 인간 역사의 덧없음을 침묵으로 증언하는 듯한 인상을 준다. '푸른 허공이 찢어진 / 숨을 고르는 폐허'는 그곳에 깃든 시간의 무게와 역사의 상흔을 압축적으로 묘사한다. '벗겨진 언어의 껍질 / 천 길 낭떠러지 아래로 떨어진다'는 구절은 한때 번성했던 문명과 언어가 시간의 흐름 속에서 풍화되고 소멸하여 본래 의미를 상실하는 역사의 비정함을 암시한다. 그러나 소멸 속에서도 '더러는 돌 틈 풀로 자라서 / 경계를 지운다'는 것은 인간 문명은 스러져도 자연의 생명력은 이어지며, 인공과 자연, 과거와 현재, 삶과 죽음의 경계마저 허무는 거대한 순환의 힘을 보여준다. 마지막 연에서 '시간의 심연 / 영겁 속으로 걸어가면 / 그대 / 마추픽추 목소리 영롱하다.'고 노래한 것은, 그 문명은 사라졌지만 그들이 남긴 지혜와 진실, 존재의 근원적 메시지가 시간을 초월하여 여전히 현재 우리에게 맑고 투명한 울림으로 다가옴을 의미한다.

마무리하며:
낮은 목소리로, 존재의 결을 따라 계속 걸어온 길, 걸어갈 길

『바위와 담쟁이』는 나 자신에게도 많은 것을 되돌아보고 성찰하게 하는 소중한 경험이다. 시들이 의도했던 깊이와 울림을 지니는지, 상처 입은 존재들의 희미한 속삭임을 제대로 길어 올렸는지, 언어의 한계 앞에서 얼마나 많은 것을 놓치고 왜곡했는지, 여전히 수많은 질문과 아쉬움이 밀려온다.

그러나 한 가지 분명한 것은, 앞으로도 계속해서 존재의 가장자리에서, 언어의 뒤안길에서, 낮은 목소리로 노래할 것이라는 점이다. 화려한 기교나 거창한 담론보다는, 삶의 구체적인 풍경 속에서 발견되는 미세한 떨림과 침묵의 무게를 포착하고, 그것을 나만의 언어로 정직하게 기록해 나갈 것이다. 상처는 여전히 시의 중요한 출발점이자 동력이 될 것이며, 상처를 통해 타자와 공감하고 연대하며, 부재 속에서도 현존의 의미를 찾아가는 지난한 여정은 계속될 것이다. 바위처럼 굳건한 침묵과 담쟁이처럼 끈질긴 생명력 사이에서, 나는 시가 가야 할 길을 끊임없이 모색할 것이다.

나의 시가 각박하고 소란한 세상에서 잠시라도 누군가에게 작은 위로를 건넬 수 있다면, 잠시 멈춰 삶과 주변을 돌아보게 하는 계기가 될 수 있다면, 시인으로서 더 바랄 것이 없다. 『바위와 담쟁이』는 나의 간절한 소망을 담아 조심스럽게 내놓은, 미완의 풍경화다. 이 풍경화에 새로운 색채와 깊이를 더하기 위해, 끝나지 않은 질문 앞에서 좌절하지 않고, 앞으로도 존재의 결을 따라 묵묵히 걸어갈 것이다. 그것이 시인으로서 감당해야 할 숙명이자, 기쁨이다. 나의 낮은 목소리가 바람에 실려, 당신의 마음에 따뜻한 울림으로 가닿기를 간절히 바란다. ✿